Gespräche mit meinem Hund

Stephan Boden

***

Für

Für Nelson (Ukas vom Wakenitzhof), Don, John-Boy, Willi und Polly

Danke.

Polly ist eine Parson-Jack-Russel Hündin. Sie wurde im Oktober 2006 in Hamburg geboren und zog acht Wochen später zu Stephan.
Eigentlich heißt sie “The Roadrunners Nessie”, aber als Segler gefiel Stephan der Name nicht, der an ein berühmtes See-Ungeheuer erinnert. Daher wurde sie bereits am ersten Tag Polly genannt.
Sie ist ein typischer Terrier: immer hellwach, unerschrocken, wissbegierig, sehr auf Menschen fixiert und trifft gern eigene Entscheidungen. Gleichzeitig ist sie aber wohlerzogen, sehr lieb, zurückhaltend, fährt sogar in der U-Bahn ohne Leine und meistert das Großstadtleben souverän.
Da Stephan häufig mit ihr auf der Ostsee segelt und Bücher darüber schreibt, gilt Polly als “bekanntester Segelhund Deutschlands”. Bereits als kleiner Welpe wurde sie auf einer Jolle an das Segeln herangeführt, um im Alter von nur sechs Monaten bereits eine lange Segelreise entlang der schwedischen Küste zu machen.
Sie liebt Menschen, hasst Katzen und findet, dass jeder Tag ein Tag voller Abenteuer ist.
Seit zwei Jahren lebt sie in Berlin.

Stephan wurde 1966 in einer Stadt in Ostwestfalen geboren, die es eigentlich gar nicht gibt.
Früh zog er nach Hamburg, wo er als Autor und Filmemacher sein Glück versuchte.
In seiner Kindheit gab es viele Tiere im Haus: Hunde, Katzen, eine Ziege, ein Pony, zwei Pferde, mehrere Sittiche und Finken, einen Fasan, viele Schildkröten und kleine Enten. Seine große Liebe sind jedoch Hunde. Vor Polly hatte er bereits vier andere Hunde. Ein Leben ohne Hund ist für ihn mittlerweile unvorstellbar.
In seiner Freizeit segelt er gerne und hat bereits vier Bücher darüber geschrieben. Das Buch “EinHundSegeln” handelt über das Leben an Bord mit Polly und gewann den ITB Buchaward 2018.
2015 lernte er seine heutige Frau Anja kennen und zog zu ihr nach Berlin. Stephan brachte Polly mit in die Ehe, Anja den Kater “Dicker” - ein 8 Kilo schwerer, roter Tiger, der sehr eigenwillig ist, Menschen beißt und andere Tiere seltsam findet.
Stephan legt großen Wert auf die Erziehung von Hunden, da ein gut erzogener Hund das Leben erleichtert. Das geht allerdings seiner Ansicht nach nur, wenn man seinen Hund versteht.

Vorwort

Es muss irgendwann Mitte der Siebziger gewesen sein. Als kleiner Junge gehe ich mit meinem Collie "Nelson" nachmittags tief im Wald spazieren. Während ich einen langen Waldweg entlang laufe, stöbert Nelson im Unterholz herum. In der Ferne sehe ich einen seltsam aussehenden Mann unseren Weg kreuzen. Er verschwindet kurz, kommt dann aber wieder zurück, schaut zu mir und geht dann auf mich zu. Mir wird mulmig. Zwischen uns sind noch etwa 150 bis 200 Meter. Langsam nähert er sich. Ich überlege, ob weglaufen, stehenbleiben oder weitergehen die beste Lösung ist. Aus dem mulmigen Gefühl wird Angst. Der Mann starrt mich an. Als nur noch wenige Meter zwischen uns liegen, kommt Nelson aus dem Dickicht hervor gesprungen und stellt sich einige Meter vor mich. Er schaut den Mann an und bewegt sich nicht mehr. Ich bleibe stehen. Der Mann nähert sich langsam weiter, weicht aber an den Rand des Weges aus. Nelson stellt sich so hin, dass er genau zwischen uns ist. Der Mann geht einen großen Bogen um mich, Nelson fixiert ihn und schirmt mich weiter ab. Er bewegt sich so, dass er genau zwischen mir und dem Mann bleibt. Niemand von uns gibt einen Ton von sich. Als der Mann in der Ferne verschwindet, geht der Collie wieder in den Wald zurück. Ich bekomme heute noch eine Gänsehaut, wenn ich an diese Situation zurück denke.

Bis zu diesem Tage war der Hund für mich immer nur so eine Art Kuscheltier, der manchmal ganz lustig Stöckchen hinterher rennt und der morgens oft in meinem Bett aufwacht. Doch diese Begebenheit änderte alles. Ich verstand meinen Hund auf einmal als einen Partner, einen engen Freund, ein vollwertiges Familienmitglied. Seit diesem Tag vertraute ich Nelson meine tiefsten Geheimnisse, meine Sorgen und Gedanken an. Er hatte immer ein Ohr für mich. Kein Todesfall hat mich je wieder so mitgenommen, wie der von Nelson. Er wurde Jahre später wegen massiver Hüftprobleme eingeschläfert. Für mich brach eine Welt zusammen. Zwei Tage später holten wir einen Mischlingsrüden aus dem Tierheim ab. Das Leben machte wieder einen Sinn.

Über dreißig Jahre und einige Hunde später kam Polly zu mir. Sie ist der außergewöhnlichste Hund, den ich je hatte. Und Polly ist sehr kommunikativ. Man lernt mit der Zeit, was Blicke bedeuten, wie man Verhalten einordnen muss und was sie mit manchen Geräuschen sagen wollen. Polly redet ständig mit mir, eigentlich immer, wenn sie nicht gerade schläft. Wir verstehen jedes Wort von uns. Sie weiss, was ich will, ich weiss, was sie will. Sie ist sehr humorvoll und findet meine albernen Späße oft sensationell lustig. Polly steht für das, was Hunde so außergewöhnlich macht.

Im Laufe der Zeit habe ich viel über Hunde gelernt und viel von ihnen erfahren. Hunde sind die besten Lehrer, wenn man wissen will, wie man mit ihnen umgeht.. Man muss ihnen nur zuhören. Es gibt mittlerweile so viele Erziehungsmethoden - viele davon sind unwirksam. Hunde wissen, wie es geht - unabhängig von Rasse, Charakter oder Vorerfahrung.

Es braucht eine lange Zeit, um einem Menschen zu 100% zu vertrauen. Eine einzige Sekunde reicht, dieses Vertrauen kaputt zu machen.
Hunde schenken ihnen in wenigen Sekunden ihr Vertrauen - und es hält ein Leben lang.

Dieses Buch soll helfen, Hunde zu verstehen.

Das Vorgespräch

Polly! Hier!.......................... Hiieer!
Was ist denn?

Warum muss ich dich eigentlich immer zweimal rufen?
Rufst du zweimal? Das bekomme ich gar nicht mit.

Naja. Ich rufe: "Hier" und dann muss ich danach gleich mit bösem Unterton und langgezogenem "Hiieer!" nachlegen. Sonst passiert nix.. Mit "Sitz" und Platz" ist es nicht anders.
Aber das machst du doch schon immer.

Weil der feine Hund beim ersten Mal nicht hört?
Wohl! Ich höre immer.

Okay - weil du beim ersten Mal nicht reagierst.
Soll ich das denn nach dem ersten Mal rufen machen?

So ist das eigentlich gedacht...
Ach ja? Und woher soll ich das wissen? Du sagst, seit dem ich dich kenne, immer alles doppelt. Ich gehe deshalb natürlich davon aus, dass das Kommando daher doppelt gesagt werden muss, damit ich es ausführe. Wenn du das nur ein Mal sagst, nehme ich das gar nicht wahr. Ich hab das so gelernt. Und zwar von dir.

Gut zu wissen. Stimmt irgendwie. Aber dann kannst du es jetzt ja beim ersten Mal machen.
Nö. Nun bin ich zu alt. Ich hab mir das so angewöhnt. Das rauszubekommen, macht dir und mir viel Stress. Lass uns das doch so weiter machen. Läuft doch so.

Manchmal machst du es aber auch nach nur ein Mal rufen.
Das weiß ich. Und zwar immer dann, wenn du das sehr laut und eindringlich rufst. Wie zum Beispiel auf der Straße, wenn ein Fahrradfahrer angerauscht kommt. Dann schreist du mit sehr strenger Stimme "Sitz!" und dann mache ich das sofort. Weil sonst gibt's ja Ärger. Du hättest dir halt vorher mal eine einheitliche Linie überlegen sollen. Aber bleib locker: Ich mache ja schon immer, was du sagst. Ich bin ja ein sehr lieber Hund ganz ohne Fehler.

Hm.. nee klar: Ohne Fehler… Außer du drehst gerade völlig durch.
ICH? Wann drehe ich denn durch?

Soll ich mal an der Tür klingeln?
Ach, ich weiß, worauf du hinaus willst. Weil ich dann belle und herum springe. Was erwartest du denn? Das habt ihr doch alle gefördert.

Wer "wir"? Wie "gefördert"?
Alle Besucher! Immer wenn Leute kommen, wird seit jeher ein riesen Buhei um mich gemacht. Sie rufen in hohen Piepsstimmen "Hallo Polly", heben mich hoch, knuddeln

mich und springen und juchzen. Das ist doch klar, dass sich da durchdrehe. Mich stresst das ja selber.

Dann lass es doch sein.
Nee, mein Lieber. Gelernt ist gelernt. Das betrifft Positives wie Negatives. Das hättest du dir früher überlegen müssen. Außerdem ist es echt ungerecht, dass immer auf meine Rasse zu schieben. "Die sind halt so" ist die schlimmste Ausrede für eigene Unzulänglichkeiten.

Mach mal halblang!
Nein. Es ist so. Den Schuh musste dir anziehen. Sieh mal: Ich bin ja draußen auf der Straße auch anders, ruhig, gehorche gut. Warum? Weil du mir das so gezeigt hast. Oder wenn wir auf dem Boot sind: Da bin ich völlig entspannt und cool. Warum? Weil du entspannt und cool bist. Ich habe mir viel von deinem Verhalten abgeguckt. Deshalb solltest du mal kleinere Brötchen backen. Ist ja nicht nur an der Tür so.

Erzähl.
Es kotzt mich echt an, wenn du mich anmaulst und sauer wirst, wenn ich bei Applaus belle und schreie. Auch das Verhalten hast du mir so beigebracht.

Ich habe was?
Ja! Hast du! Du hast mich, auch als ich noch klein war, immer mit zum Fußball gucken mitgenommen. Und dann schreit und jubelt und klatscht ihr immer. Je mehr Bier, desto lauter. Und jedesmal, wenn ich mitgemacht habe, habt ihr darüber gelacht und es sehr lustig gefunden. Nun musst du dich nicht

wundern, dass ich das drin hab. Wenn also jetzt Leute auf irgendwelchen Veranstaltungen klatschen, flippe ich halt aus. Und ich denke, das ist nichts im Vergleich zu dir, wenn deine Mannschaft ein Tor schießt.

Es ist gut, dass wir mal offen reden.
Ja, das wird mal Zeit. Denn daraus lernst du was.

Hast du noch andere Themen?
Tausende! Und du?

Dito.
Und nun?

Vielleicht machen wir das so: Jeder darf abwechselnd ein Thema benennen.
Okay. Wer beginnt?

Immer der, der fragt.

***

Ball! Ball!

Du hattest ja vor mir schon ein paar Hunde. Wie waren die so?

Man spricht nicht über seine Ex.
Komm schon. Ich bin zwar eifersüchtig, aber Vergangenes interessiert mich nicht.

Ach, weisst du... ich liebe Hunde ja sehr. Ich fand die alle toll. Jeden auf seine Art.
Aber ich gehe recht in der Annahme, dass keiner so perfekt war wie ich.

Dein Selbstbewusstsein ist beachtlich! Aber du hast recht. Kein Hund war so besonders wie du.
Weil ich keine Fehler habe! Weil dich nichts an mir stört.

Na ja, also bitte...
Wir Terrier wissen genau, dass wir die Krönung der Evolution sind.

Für eine Krönung seid ihr aber sehr speziell.
Was meinst du mit "speziell"?

Wenn zum Beispiel dein Gehirn aussetzt.
Hä? Was meinst du?

Soll ich es dir zeigen?
Bitte.

Warte, ich hole kurz was....

So. Pass auf. Was passiert mit dir, wenn ich dir das hier zeige?
BALL! BALL!

Genau das meine ich.
BALL! BALL! BALL! BALL! BALL! BALL! BALL! BALL! BALL! BALL! BALL! BA...

Polly! Hör auf damit! Aus! Nicht anspringen! Nein! Aus!
BALL! BALL!

BALL! BALL!

Aus jetzt! Ich nehme ihn jetzt wieder weg.
BALL! BALL! BALL! BAL..Wo ist der Ball? Wo ist der Ball?

Sitz!
Aber, aber, aber wo ist der Ball?

Jetzt ist mal gut, ne?
Ist er in deiner Tasche?

Aus! Nicht anspringen!!!
BALL! BALL!

BALL! BALL! BALL! BALL! BALL! BALL! BALL!
BALL! BALL! BALL! BALL! BALL! BALL! BALL!
BALL! BALL! BALL! BALL! BALL! BALL! BALL!
BALL! BALL! BALL! BALL! BALL! BALL! BALL!
BALL! BALL! BALL! BALL! BALL! BALL! BALL!
BALL! BALL! BALL! BALL! BALL! BALL! BALL!
BALL! BALL! BALL! BALL! BALL! BALL! BALL!
BALL! BALL! BALL! BALL! BALL! BALL! BALL!
BALL! BALL! BALL! BALL! BALL! BALL! BALL!
BALL! BALL! BALL! BALL! BALL! BALL! BALL!
BALL! BALL! BALL! BALL! BALL! BALL! BALL!
BALL! BALL! BALL! BALL! BALL! BALL! BALL!
BALL! BALL! BALL! BALL! BALL! BALL! BALL!
BALL! BALL! BALL! BALL! BALL! BALL! BALL!
BALL! BALL! BALL! BALL! BALL! BALL! BALL!
BALL! BALL! BALL! BALL! BALL! BALL! BALL!
BALL! BALL! BALL! BALL! BALL! BALL! BALL!
BALL! BALL! BALL! BALL! BALL! BALL! BALL!
BALL! BALL! BALL! BALL! BALL! BALL! BALL!
BALL! BALL! BALL! BALL! BALL! BALL! BALL!
BALL! BALL! BALL! BALL! BALL! BALL! BALL!
BALL! BALL! BALL! BALL! BALL! BALL! BALL!
BALL! BALL! BALL! BALL! BALL! BALL! BALL!
BALL! BALL! BALL! BALL! BALL! BALL! BALL!
BALL! BALL! BALL! BALL! BALL! BALL! BALL!
BALL! BALL! BALL! BALL! BALL! BALL! BALL!
BALL! BALL! BALL! BALL!

***

Intellekt vs. Instinkt

Mir ist gestern Abend mal wieder etwas aufgefallen, was mich schon beschäftigt, seit ich Hunde habe. Wenn ich das Zimmer verlasse, reagierst du nicht. Wenn ich aber das Zimmer verlasse, um kurze Zeit später das Haus zu verlassen, reagierst du drauf. Dann schaust du mich an und willst mit.
Natürlich will ich mit. Ich will immer mit!

Das weiß ich, darum geht's mir aber nicht. Ich frage mich: Woher weißt du, dass ich gleich das Haus verlasse?
Man sieht es dir an.

Das kann nicht sein. Denn auch wenn ich meine Schuhe nicht anhabe und auch keine Jacke trage, weißt du das vorher. Du weißt auch weit im Voraus, dass wir beispielsweise später in den Wald fahren oder in den Urlaub.
Weil du mir das zeigst.

Das ist es ja eben, das kann nicht sein. Gestern bin ich ungefähr zwanzig Mal den ganzen Tag über aus dem Zimmer gegangen. Ich habe extra, zehn Minuten bevor ich dann das Haus verlassen habe, nichts zu dir gesagt, mich so verhalten wie immer und dir keinerlei Anzeichen gegeben, dass ich wegfahre.
Du zeigst es mir trotzdem.

Aber wie?
Ein Teil meiner Antwort würde dich nur verunsichern.

Los, komm. Sag! Da gibt es doch einen Trick.
Es ist etwas, das ihr Menschen nicht versteht. Ihr habt keine Instinkte. Ihr seid so abgestumpft, dass ihr nicht merkt, was um euch herum passiert. Deshalb haben so viele Menschen auch Probleme, mit ihren Hunden klar zu kommen. Ihr wisst kaum was über unsere Fähigkeiten, was wir können und wie wir Situationen lesen. Ihr nehmt die Welt völlig anders wahr als wir. Ihr nehmt viel weniger wahr. Manchmal lache ich mich tot, wenn ich sehe, wie stumpf ihr durchs Leben geht.

Ich habe mal gelesen, dass ihr den Zustand eines Menschen riechen könnt. Weil die Haut sich entspannt oder spannt und sich dadurch der Geruch ändert.
Nein, das allein ist es sicher nicht. Es ist ein Zusammenspiel aller Sinne und des Instinkts. Wir riechen, hören, sehen, aber wir haben halt Instinkte. Ihr habt das nicht. Ihr habt ja nicht einmal richtige Sinnesorgane.

Na ja, Ohren, Nase, Augen und Mund hab ich auch.
Das, was du da im Gesicht trägst, hat den Namen “Nase” nicht verdient. Es ist kein Sinnesorgan bei euch. Das Teil funktioniert überhaupt nicht.

Immerhin rieche ich, wenn du pupst.
Terrierpupse - die besten aller Pupse! Aber das war es auch schon. Wenn ich schon sehe, wie du dich über ein Essen

beugst und ganz nah dran gehst, um es zu riechen. Ich würde das noch im Nachbarhaus auf der anderen Straßenseite riechen können.

Ich weiß, dass ihr unfassbar gut riechen könnt.
Weißt du, woran man erkennt, dass ihr nicht im Ansatz versteht, wie gut wir riechen können? Ich bekomme das ja oft mit. Viele Menschen nähern sich Hunden, in dem sie ihnen ihren Handrücken entgegen strecken, damit der Hund den Menschen in Ruhe riechen kann. Das ist so lustig dumm. Ich rieche den schon zwanzig Meter vorher. Wenn die dann so auf mich zukommen, könnte ich mich immer schlapp lachen. Außerdem verwirrt es mich. Manche Hund bekommen Angst davor.

Die Nase ist also das Geheimnis?
Die ist nur ein kleiner Teil. Ihr könnt das einfach nicht nachvollziehen. Weisst du, ihr seid immer so stolz auf euren Intellekt - dabei hat der vieles kaputt gemacht. Ihr denkt immer nach, ihr seid total verkopft. Ihr stellt Vermutungen auf und zieht aus dem, was eure verkümmerten Sinnesorgane noch hergeben, oft die falschen Schlüsse. Wenn du dir eine Jacke anziehst, heißt das für mich noch lange nicht, dass du aus dem Haus gehst. Wenn du dir eine Jacke anziehst, weil dir kalt ist, merke ich das. Ich weiß, dass dir kalt ist. Jeder Mensch würde dich aber fragen: “Oh! Gehst du raus?”
Nichts ist sicherer als der Instinkt. Er betrügt einen nie. Bei uns Hunden ist es eine Mischung aus Emotion und Instinkt. Bei Euch aus Emotion und Intellekt. Emotion und Intellekt

jedoch sind oft Konkurrenten, deshalb funktionieren eure Instinkte auch nicht mehr. Ihr habt das verlernt.

Ich habe vor kurzem einen Artikel über Assistenzhunde gelesen. Diese Hunde begleiten zum Beispiel Diabetiker und zeigen ihnen rechtzeitig an, wenn sie über- oder unterzuckert sind. Sie wissen exakt, welche Werte der Mensch hat und reagieren sofort. Kannst du sowas auch?
Natürlich. Sowas weiß ich alles. Ich muss nur ausgebildet werden, auf das speziell Gewünschte zu reagieren. Deshalb gibt es ja Drogenhunde, Bargeld-Hunde und andere Suchhunde. Die sind dann spezialisiert. Wir Alltagshunde picken uns halt das raus, was für uns wichtig ist.

Wenn ich nach Hause komme und im Hausflur bin, schlägst du fast immer an. Auch wenn ich ganz leise gehe. Riechst du mich dann?
Nein, ich spüre dich. Ich weiß, dass du das bist, der da rein kommt. Ich weiss aber nicht, ob es am speziellen Geräusch beim Umdrehen des Schlüssels liegt, am Geruch oder an was auch immer. Ich weiß es einfach. Instinkt ist viel mehr, als ihr denkt. Ihr habt diese Fähigkeiten im Laufe der Zeit verkümmern lassen. Als ihr noch Jäger und Sammler wart, konntet ihr das auch.

Hm. Da stellt sich die Frage, was besser ist: Intellekt oder Instinkt?
Beides zusammen geht nicht. Ist aber doch okay, dass sich dadurch so Zweckgemeinschaften wie unsere bilden.

Wahrscheinlich würden wir sonst gar nicht so gut miteinander klar kommen. Ich passe also auch weiterhin auf dich auf.

Oh ja. Du könntest auf der nächsten Party Bescheid geben, sobald ich die 2-Promille-Grenze erreiche.

Dafür brauchst du mich nicht. Das merkst du selber, Und zwar an deinem komischen Gang.

***

Rudel

Wir haben übrigens ein kleines Hierarchieproblem in unserem Rudel.

Findest du? Ich finde, dass das hier ganz klar geregelt ist.
Zwischen uns beiden ja, aber nicht mit mir und Anja.

Du hast ein Problem mit Anja?
Nein! Ich liebe sie! Aber ihr Platz im Rudel ist nicht ganz klar.

Also, da du ganz unten in dieser Hierarchie stehst, ist das eigentlich klar.
Das sehe ich anders als du.

Polly, du und ich sind nun seit 12 Jahren zusammen. Anja ist meine Frau und mit mir absolut auf gleicher Stufe. Auch wenn sie erst viel später dazu kam.
Das magst du ja so sehen, aber genau darin besteht unser Problem.

Nö. Letztlich ist es so, dass du dich dem beugen musst, was ich so sehe…
Du verstehst das nicht.

Dann erkläre du es mir.

Also. Du bist für mich der klare Anführer hier. Dann komme ich und dann kommt Anja. Das ist ein klassisches Sozialsystem, welches man Rudel nennt.

Polly, du kommst hinter Anja.
Und genau da liegt das Problem: Ein Rudel ist ein gewachsenes System. Vorne weg geht der Alphahund, der Rudelführer. Dann geht es nach Stärke und Durchsetzungsvermögen, und da kommen dann erst die mittleren Hunde und am Ende die Schwächsten, die hinter dem Rudel laufen, sich umdrehen und nach potenziellen Gefahren Ausschau halten. Dieses System machen alle unter sich aus.

Aber dann ist doch alles klar. Anja gibt dir ja die Kommandos und deshalb ist sie in der Hierarchie klar vor dir. Außerdem ist sie stärker als du.
Sie ist schwächer! Sie macht alles, was ich will.

Sie hatte auch noch nie einen Hund und fällt auf deine süßen und traurigen Gesichter rein. Letztlich aber bestimme ich für dich, wo du stehst.
Und genau so funktioniert das nicht. Dem Alpha-Hund ist es völlig Latte, wer sich hinter ihm wo einreiht. Nur wenn einer ihm seine Position Streitig machen will, greift er ein. Du kannst also gar nicht bestimmen, wie das mit Anja und mir läuft.

Interessant. Und was sollen wir nun machen, um Anja vor dir zu platzieren?

Sie muss sich durchsetzen und klare Kante zeigen. Sie muss mich führen, nicht ich sie.

Und das ist für dich okay?
Da ich nicht so ein Alpha-Hund bin und nicht nach oben strebe... ja - das wäre okay.

Irgendwie seid ihr Hunde komisch.
Nur weil wir nicht so sind wie ihr, sind wir nicht komisch. Hör mal, es ist nämlich so: Wir Hunde brauchen eine klare Struktur. Wir brauchen klare Hierarchien und Rudelführer, die uns leiten. Wenn man uns im Rudel zu hoch lässt, geht das oft nicht gut. Mit gleichberechtigten Partnern können wir nichts anfangen, es verwirrt uns.

Was könnte Anja denn tun?
Sich zum Beispiel nicht so viel von mir gefallen lassen. Dann kann sie mich übrigens auch sehr gut über das Futter steuern. Sie bestimmt, wann es was gibt - nicht ich. Im Moment ist es so, dass ich immer was kriege, wenn ich sie bedränge. Sie kann auch zum Beispiel, wenn sie zu mir aufs Sofa kommt, mich verscheuchen und ich muss mir dann einen neuen Platz suchen. Sie muss mir immer zeigen: Polly - ich bin hier der Chef für dich. Wenn sie das konsequent macht, reihe ich mich dauerhaft hinter ihr ein. Sie könnte auch zum Beispiel immer vor mir durch die Wohnungstür gehen. Nicht nur ab und zu. So aber bin ich immer ein wenig verwirrt, weil du für sie halt Partei ergreifst und du ständig versuchst, unsere Positionen zu regeln. Das macht mich irre. Das ist unsere Aufgabe. Wenn du dann mal verreist bist, ist hier alles anders. Dann bin ich

nämlich der Chef, beschütze sie, knurre andere Männer weg und passe auf sie auf.

Du knurrst nie Menschen an.
Wenn du dabei bist nicht. Dann würde ich nur eingreifen, wenn dich jemand angreift. Aber auf Anja gebe ich halt acht, wenn wir alleine sind.

Okay, ich rede mal mit ihr. So richtig einfach wird das nicht sein, weil sie, wie gesagt, keine Erfahrung hat. Ich glaube, wir müssen viel üben.
Sei froh, dass ich kein Alpha-Hund bin. Das wäre dann schwierig. Ein Alpha-Hund braucht nämlich sehr klare Ansagen und eine ganz starke Führung. Sonst wird das nichts. Ist ja nicht so wie mit diesen bekloppten Katzen. Was anderes hatte Anja vorher ja nie.

Hm..
Ja?

Ich bin mir grad nicht sicher, ob du nicht auch ein Alpha-Hund bist, wenn ich so an deine Erziehungsphase denke. Nach Urlauben, in denen du viel mehr darfst als sonst, mache ich daher auch immer diese "Arschloch-Woche", in der nicht gespielt wird, nicht gestreichelt wird, nicht ohne Leine gegangen wird und ich noch viel strenger bin als sonst. Wenn ich das nicht mache, tanzt du mir nach jedem Urlaub auf der Nase herum.
Na ja, das ist eher der Rasse geschuldet. Wir Terrier - übrigens die besten Hunde, die es gibt, erwähnte ich das? -

nutzen halt jeden Raum, den wir kriegen. Wenn du das Anja erklärst, wird sie sicher wissen, was zu tun ist.

***

Die Katze

Fühlst du dich eigentlich zuhause wohl?
Ja, schon, aber weißt du, was ich richtig scheiße finde?

Nein.
Dass ich in der Wohnung immer nur im Wohnzimmer sein darf.

Du würdest sonst den Kater töten. Wir müssen Euch daher räumlich trennen.
Selber schuld.

Was hat dir der Kater getan? Warum ist er schuld?
Nicht der dämliche Kater. DU bist schuld.

Dafür hätte ich gern eine Erklärung.
Kannst du dich daran erinnern, als wir damals, als ich noch klein war, nach Schweden gesegelt sind?

Ja, natürlich.
Da sind wir morgens immer losgezogen. Und an den Fischerhäusern saßen immer so viele Katzen.

Ja, aber keine hat dir was getan.
Und weshalb hast du dich dann immer so gefreut - jedenfalls hast du gelacht - wenn ich sie weggejagt habe?

Weil ich lustig fand, dass du so drauf abgehst.
Ich sollte sie doch jagen.

Und wer bitte soll dir das gesagt haben?
Du! Wer sonst? Kannst du dich nicht daran erinnern, dass du immer auf die Katzen gezeigt hast und dann in so einem zischenden Ton "Polly, da! Katzen, Katzen!" gesagt hast? Das war für mich das Zeichen zur Jagd. Und wenn du dann noch lachst und dich freust, bestätigt das doch mein Verhalten.

Nicht dein Ernst?
Mein voller! Der Tonfall ist genau der, den du anschlägst, wenn du einen Ball wirfst und dann "Los Polly! Hol es!" sagst - mit so einem scharfen, zischenden S-Laut. Was soll ich da anderes denken, als dass ich die Katzen jagen soll?

Hm. Lass mich raten: Und nun ist es zu spät, dir das abzutrainieren.
Du lernst echt schnell! Also, es würde schon gehen - aber so viel Geduld hast du nicht.

Ach das ist doch nervig. Kannst du das nicht einfach von dir aus sein lassen?
Na, ich kann nichts dafür, dass du eine Frau heiratest, die eine Katze mit in die Ehe bringt.

Gut, dann heisst es halt weiterhin: dein Reich beschränkt sich aufs Wohnzimmer.
Na super. Wie alt ist der Kater eigentlich?

Etwas älter als du. Genau weiß man das nicht. Angeblich so um die 14, 15 Jahre.
Und wie alt werden diese Viecher?

Weiß nicht. Die älteste Katze wurde 38 Jahre und 3 Tage alt.
So eine Scheiße.

Was soll man machen?
Lass mich zu ihr und das Problem erledigt sich.

Hör mal! Das ist ein Lebewesen, genau wie du.
Du kannst sehr beleidigend sein. Dieses Mistvieh hat nichts von meiner Klasse. Wenn ich schon dieses dämliche "Miau-Miau" höre.

Du bist ungerecht.
Nichts hat die Klasse eines Terriers! Nichts.

Dazu sage ich jetzt nichts. Außerdem ist es Anjas Kater, ihr Herz hängt an ihm.
Ach. Und warum beißt er sie ständig? Und warum kuschelt sie immer mit mir statt mit ihm?

Weil er eine Katze ist und Katzen manchmal so komisch sind.
Ich sag' ja, das sind dumme Drecksviecher.

Pass auf, darüber diskutiere ich nicht. Wir haben es mit Euch beiden ja lange versucht, aber das klappt ja nicht. Du drehst ja immer durch.

Weil er mich provoziert. Und weil du mich so erzogen hast. Früher fandest du es toll. Außerdem gebt ihr Euch auch kaum Mühe mit uns.

Wieso? Immerhin habt ihr schon mal zusammen in einem Raum gesessen.
Nee, das reicht nicht. Ihr müsst das jeden Tag machen. Ihr dürft nicht aufhören. Irgendwann geht das schon.

Glaubst du?
Wenn ihr mit im Raum seid und aufpasst, ja!

Und wenn du allein mit ihm im Raum bist?
DANN TÖTE ICH IHN!

***

Die Stadt

Warum müssen wir eigentlich immer in der Stadt rumlaufen? Können wir nicht einfach immer in den Wald gehen?

Na ja, wir leben halt mal in der Stadt. Apropos - wie findste eigentlich Berlin?
Was? Was ist Berlin?

Na Berlin, wo wir nun seit zwei Jahren leben.
Ist das woanders als früher?

Du kennst den Unterschied nicht zwischen Hamburg und Berlin?
Ich weiß nur, dass wir in einer anderen Wohnung leben und mit Anja zusammen. Und dem bescheuerten Kater.

Lustig.
Was ist daran lustig?

Berlin ist eine ganz andere Stadt. Das merkst du nicht.
Also früher sind wir weniger U-Bahn gefahren. Und das mit dem Motorroller ist ja auch neu.

Magst du eigentlich mit dem Motorroller fahren?
Das Fahren ist toll. Aber der Rucksack ist doof. Weil ich nicht rausgucken darf.

Wenn es im Frühjahr wärmer wird, darfst du das. Bei der Kälte bekommst du vom Fahrtwind nur ne Bindehautentzündung.
Okay. So komme ich mir vor, als wäre ich gefangen. Durch dieses dämliche Netz sieht man kaum was. Aber das mit den Augen ist Quatsch. Ich renne ja auch rum bei der Kälte. Da passiert ja auch nichts.

Du rennst aber nicht so schnell wie der Roller fährt.
Wie schnell ist der?

Also, er darf 45 km/h fahren, fährt aber 60.
Lächerlich!

Man, man, man, hast du ne Selbstüberschätzung. Aber zurück zu Berlin. Lustig, dass du das gar nicht als andere Stadt empfindest. Mal angenommen, wir würden jetzt hier aus der Wohnungstür gehen und dann wäre unten auf einmal Hamburg. Würde dich das nicht irritieren?
Nö.

Und nimm mal an, wir gehen hier aus der Haustür und statt in Berlin wäre vor der Tür auf einmal Wald oder ein Hafen.
Und?

Du bist ja komisch.
Man, lass mich! Ich mache mir halt um sowas keine Gedanken. Was weiss ich denn, wo wir raus kommen, wenn wir mit dem Bus irgendwo hinfahren. Um sowas kümmerst du

dich doch. Ich weiss nur, das wir in diesem einen Zug immer ans Meer fahren.

Ich dachte, du erkennst am Geruch, wo du bist..
Wenn ich zu tollen Orten fahre, die ich kenne, rieche ich das auch vorher.

Aber du riechst keinen Unterschied zwischen Hamburg und Berlin?
Nö. Nicht wirklich.

Aber wie findest du es dann hier?
Na ja, so wie immer. Manchmal toll, manchmal nervig. Toll finde ich, dass hier immer was los ist. Man hat so viel zu gucken und zu riechen.

Und was ist nervig?
Rolltreppen.

Das verstehe ich nicht. Im S-Bahnhof springst du von allein drauf und findest es gut. Aber bei H&M zickst du voll rum.
H&M? Ist das die enge Rolltreppe in diesem Laden mit dem Teppich davor?

Ja, die magst du nicht, was?
Weil mir da mal einer auf die Pfote getreten ist.

Auf der Rolltreppe?
Ja, als er sich vorbei gequetscht hat.

Daran erinnere ich mich nicht. Das habe ich gar nicht mitbekommen.
Du bekommst vieles nicht mit.

Meinste? Ich denke schon.
Nein. Du hast deine Augen immer da oben irgendwo, ich bin 1 Meter 50 tiefer und muss immer zwischen irgendwelchen Beinen rumlaufen. Niemand achtet auf mich. Gestern hat mich einer auf dem Bahnsteig mit einem Rollkoffer angefahren. Du kannst dir gar nicht vorstellen, wie meine Situation da unten ist.

Hm. Ich kann dich aber nicht immer tragen.
Bloß nicht. Aber du könntest besser aufpassen und drauf achten, was um mich herum passiert.

Aber das mache ich doch immer.
Es ist noch viel Luft nach oben…

Okay, ich werde da mal mehr drauf achten. Hast du noch mehr solcher schlechter Erfahrungen gemacht?
Nein, aber ich habe immer Angst, wenn du mich vorm Supermarkt anbindest,

Ich mache das aber extra nur in dem Supermarkt, der im Einkaufszentrum ist. Und ich mache immer ganz dolle Knoten, um evtl. Diebe abzuschrecken. Ich weiss, dass ist scheiße und ich habe auch nie ein gutes Gefühl dabei. Aber manchmal muss das so sein. Und ich schaue auch ständig raus zu dir.

Aber die Kinder, die mich manchmal ärgern, bemerkst du nicht. Vor kurzem hat mich ein Junge getreten.

Getreten?
Ja, er kam mit seiner Mutter eng an mir vorbei und hat mir in die Seite getreten.

Hm. Was soll ich machen?
Mich halt nicht mitnehmen.

Aber...
Hör mal. Du hast mich irgendwann angeschafft. Du hast Verantwortung. Ich bin kein Stofftier. Nur weil du zu faul bist, mich kurz die 500 Meter nach Hause zu bringen, bringst du mich in Gefahr und setzt mich ständig Situationen aus, die ich nicht mag. Irgendwann kommst du aus dem Laden und ich bin weg. Du weisst genau, dass mich alle süß finden und ich mit jedem mitgehen würde.

Du hast recht. Ich höre damit auf.
Gut.

Weisst du was? Ich bin müde. Lass uns morgen weiter reden.
Unbedingt. Mit dem Stadt-Thema bin ich noch nicht fertig. Krieg' ich noch ein Leckerlie?

Nö. Du wirst zu dick.
Schön, dass du auf mein Gewicht achtest, aber deines scheint dir egal zu sein.

***

Schwarze-Beutel-Geschichten

Weisst du, was ich mir am meisten wünsche?
Meine Figur?

Ich wünsche mir, dass du eines Tages anfängst, deine Haufen nicht auf Grünflächen, sondern tief im Gebüsch zu machen.
Was macht den Unterschied?

Der Unterschied ist, dass ich dann nicht jeden Kackhaufen von dir aufsammeln muss.
Komm, so schlimm ist das nicht, oder?

Pass auf: du bist bald zwölf Jahre alt. Jeden Tag kackst du im Schnitt drei Mal. Das bedeutet, ich habe etwa 13.400 Mal deine Scheiße aufgesammelt. Ich stehe ständig hinter dir und muss diesen Mist aufsammeln. Das stinkt oft ja auch.
Lass sie doch liegen.

Wenn ich deine Scheiße liegen lasse, machen das andere auch. Wenn ich sie wegnehme, gehe ich mit gutem Beispiel voran und andere sammeln dann gegebenenfalls auch auf.
Was bist du denn auf einmal für'n spießiger Musterbürger?

Man, Polly. Denk mal nach. Wenn alle ihre Hundescheiße liegen lassen, werden die anderen Menschen sauer. Sauer auf

Hunde. Es gibt eh schon so viele Hundehasser. Und woran liegt das? An unerzogenen, Angst verbreitenden Hunden und an Hundescheiße auf der Straße. Im Ergebnis führt das dann zu strengen Hunde-Gesetzen oder zu Wahnsinnigen, die Giftköder auslegen. Zu leiden darunter hast du dann. Siehst du ja jetzt in Berlin: Nun ist überall Leinenpflicht. Weil manche Hunde einfach nur Stress machen oder die Menschen von Hundescheiße genervt sind.
Hm. Das liegt aber jetzt nicht an den Hunden. Ist es denn soo schlimm, meine Haufen aufzusammeln? Das sind doch gute Terrier-Haufen. Die besten Haufen, die es geben kann.

Also, mein Hobby wird das jetzt nicht. Abgesehen davon, dass du für so ein kleines, süßes Tierchen wirklich beachtliche Stinkbomben platzierst, würde es mir nicht viel ausmachen. Aber es gibt manchmal Situationen, die man nicht erleben will.
Meine Rasse gilt von Grund auf als sehr neugierig, deshalb bitte ich um die Geschichten dazu.

Wir waren mal abends verabredet, um mit Freunden in einer Kneipe Champions League zu schauen. Auf dem Weg dorthin hast du so einen breiigen Super-Schiss auf eine Grünfläche neben der Bushaltestelle gezimmert. Ich habe mir wie immer den Beutel über die Hand gezogen und wollte ihn entfernen. Als ich reingegriffen habe, dachte ich: "Das fühlt sich jetzt anders an als sonst." Da war es schon zu spät. Der Beutel hatte einen Fehler: Er war unten nicht verschweißt, sondern offen. Ich habe also direkt in den Haufen gegriffen. Dann kam der Bus. Ich bin mit dir eingestiegen und musste beim Fahrer

noch ein Ticket lösen. Versuch mal, mit einer Hand die Geldbörse aus der Tasche zu ziehen, Kleingeld rauszukramen und zu bezahlen. Erst in der Kneipe konnte ich mir die Hände waschen.
Dafür kann ich nichts. Das ist menschliches Versagen.

Nicht ganz. Denn an dem Tag hast du wieder irgendwem was zu Essen abgezockt. Deshalb war es auch keiner dieser üblichen, steinharten Trockenfutterköttel. Das wäre nämlich nur halb so wild gewesen.
Also bitte. Der Hersteller des Beutels hat versagt und du auch. So einen Beutel kontrolliert man doch vorher. Ich fühle mich da nicht verantwortlich.

Ich habe weitere Geschichten: Ich habe mit dir mal eine Freundin von Flughafen abgeholt. Als ich im Gebäude war, schrieb sie mir eine SMS, dass sie draußen wartet und raucht. Wir zwei waren vorher noch spazieren und sind dabei an zig Grünstellen vorbeigekommen. Aber was machst du? Beim Verlassen des Terminals, mitten als wir in der Drehtür stehen, zimmerst du deine Losung mitten auf den geriffelten Teppich in der Drehtür.. Bevor ich reagieren konnte, kam auch schon die Tür mit diesem kleinen Besen unten und hat alles schön verteilt. Das sah aus wie in einer Crêperie. Auch an dem Tag hast du auf der Straße irgend so einen Mist gegessen, wie einen Rest Döner oder sowas.
Ooops! was hast du gemacht?

Nichts, ich hab mich verpisst.
Wird schon nicht so schlimm gewesen sein.

Doch, und meistens ist es schlimm, weil du immer so einen Mist fressen musst.
Man! Es liegen halt oft leckere Sachen rum. Ich bin ein Hund! Ich muss das auffressen..

Einen Rest-Döner verstehe ich ja noch. Aber nicht, wenn du am Strand Dünengras frisst und einen Tag später dein Haufen aus dem Hintern an einem Stück Dünengras hängt. Ich muss dann einem hysterisch schreienden Hund auf der Strasse ein langes Stück Dünengras aus der Puperze ziehen.
Oh ja, das war schlimm!

Für dich überhaupt nicht. Du machst ja nur Theater. Ich dagegen knie mitten auf der Straße zwischen Menschen, drücke einen wild strampelnden und quiekenden Hund runter und ziehe ihm Sachen aus dem eingeschissenen Hintern. Das ist entwürdigend, peinlich und manchmal muss man das auch noch Fremden erklären, weil die denken, ich quäle dich.
Hör mal. Du hast dich für einen Hund entschieden, deshalb jammere jetzt nicht rum, wenn du auch mal negative Erlebnisse hast. Du trägst die Verantwortung für mich, in guten wie in schlechten Zeiten.
Außerdem: Gibt es was schöneres, als Terrierkot an den Fingern zu haben. Denn das bedeutet: du, lieber Stephan, hast das unglaubliche Glück, mit einem so tollen Lebewesen zusammen sein zu dürfen. Ist das nicht einfach großartig? Abgesehen davon sind solche Geschichten doch toll, denn ohne die wäre dein Leben doch fürchterlich langweilig. So aber hast du immer was zu erzählen.

Ich hasse dich.
Warum?

Weil du recht hast.

***

Grundschule

War es eigentlich schwer, mich zu erziehen?

Es war die Hölle!
Warum das?

Na ja, du bist ein Terrier..
Alter, wir sind sooo geil.Wir sind die Besten!

..und das allein macht die Erziehung nicht einfach. Weil ihr einen sehr starken Willen habt.
Das macht uns aus.

Da gebe ich dir recht, ich mag keine langweiligen Hunde. Aber dennoch ist das echt hart, Euch zu sagen, was ihr tun sollt.
Aber ich gehorche doch.

Na, ne Begleithundprüfung würden wir nicht bestehen.
Wieso? Wo hapert es?

Nimm nur mal heute morgen, als ich die Leine vergessen habe: Das Kommando "Fuß" hält immer nur ein paar Meter, dann muss ich es wiederholen - und zwar scharf - damit du nicht voraus läufst. Nicht nur das: du wartest dabei immer sehr gespannt auf mein "Und lauf!". Jede kleinste Regung

von mir interpretierst du, als könntest du jetzt losrennen. Daher kann ich dich nicht mal anschauen, weil du dann denkst: Das wars - ich renne los. Ich darf mich nicht einmal räuspern!
Ich wollte halt schnell heim und fressen. Du kannst mich auch ruhig vorauslaufen lassen. Ich kenne ja den Weg.

Hm, nee is klar. Und dann läufst du vor und wenn du an der Tür angekommen bist, kommt der doofe Nachbarshund, mit dem du dich nicht verstehst.
Das liegt nicht an mir, er ist ein unsozialisierter Idiot.

Aber auch wenn ich dich vorlaufen lasse. Ist dir gar nicht bewusst, dass du erst fressen kannst, wenn ich da bin?
Nein, soweit im Voraus denke ich nicht. Ich lebe im Hier und Jetzt.

Siehste! Deshalb ist meine Aufgabe, vorausschauend zu handeln und dich daher herum zu kommandieren.
Und was war so schwer daran, mir das beizubringen?

Wenn du ein hässlicher, dicker Hund mit Überbiss gewesen wärst, hätte ich das besser hinbekommen. Aber ihr seid so klein, süß und so zart.
Ja, das ist der Hammer, oder?

Das kommt dazu: Ihr Schweinepriester wisst das! Und ihr setzt das als Waffe gegen uns ein. Ihr wisst ganz genau, dass es uns schwerfällt, so niedlichen kleinen Felltierchen die

harte Hand spüren zu lassen. Darunter leidet die Konsequenz. Und ohne Konsequenz euch gegenüber ist man verloren.
Aber wir sind echt süß, oder?

Ihr seid kleine, niedliche Arschkrampen. Süßmonster. Nachts liegt ihr fest angekuschelt unter der Bettdecke und tagsüber macht ihr einem das Leben zu Hölle.
So geil!

Ihr habt so vielen Menschen Leid gebracht.
Wieso das denn?

Weil ihr optisch genau das seid, was sich alleinstehende, ältere Frauen wünschen. Die sehen euch und denken: "Ach, was für possierliche Tierchen, so niedlich. So einen hole ich mir für den Lebensabend." Und dann merken sie irgendwann, was mit euch nicht in Ordnung ist und so haben die armen Omas 15 Jahre oder länger solche kleinen kläffenden, viel zu fetten Monster an ihrer Seite. Damit rechnen die nicht.
Wie man mit uns umgeht, kann man doch überall nachlesen. Außerdem gibt es Hundeschulen.

...Hm, ist klar. Hundeschulen, deren namen mit "i" enden und deren Logos immer eine bunte Tatze ist. Kannst du dich erinnern, dass wir zwei auch mal bei sowas waren? Mit einer Freundin, die wir mit ihrem Parson-Russell begleitet haben?
Ja natürlich.

Und wie war das?

Lächerlich. Absoluter Kinderkram. Die hätten mich nie in den Griff gekriegt. Was ist eigentlich aus dem anderen Parson geworden? Er ist doch jahrelang dorthin gegangen.

Ich habe ihn gesehen. Er trägt einen Maulkorb.
Arme Sau.

Deshalb gibt deine Züchterin Euch auch niemals an Leute, die keinerlei Hundeerfahrung haben. Und mit einer Pudel-Historie brauchste der auch nicht kommen.
Na ja, ein Pudel wäre bei der strengen Erziehung sicher ganz verunsichert.

Ist das eine Beschwerde?
Nein, gar nicht. Ich brauche eine klare Führung. Also jemanden, der sagt, wo es lang geht. Wir sind ja Bauten-Jagdhunde. Uns ist angezüchtet, in den Fuchsbau zu gehen und dort müssen wir eigene Entscheidungen treffen. Und das wollen wir eigentlich immer: selbst entscheiden. Das würde aber in der Stadt nicht gut gehen. Deshalb ist es gut, dass jemand wie du vorne weg geht und die Entscheidungen trifft. Wenn das nicht so wäre, hätte mich längst ein Auto überfahren oder ich wäre weggelaufen. Gerade in der Stadt bin ich froh, nichts entscheiden zu müssen. Ich wäre völlig verloren. Außerdem würde ich ja Stress mit dir bekommen.

Findest du das doof?
Dass ich mache, was du sagst?

Nein, dass ich so streng bin.
Nein, überhaupt nicht. Wenn du nicht so wärst, würde ich dir auf der Nase herumtanzen. Das kennst du doch von diesen Leckerlie-Hunden.

Leckerlie-Hunden?
Ja. Diese Hunde, die nur kommen, weil es Leckerlies gibt. Die gehorchen doch nur, wenn sie Lust dazu haben. Denen wird doch der Ernst der Lage nicht bewusst.

Hä? Das sagst du? Würdest du es nicht besser finden, statt 'nen Anschiss zu bekommen, wenn du nicht gehorchst - ein Leckerlie bekommen, wenn du gehorchst?
Hör mal, bist du doof? Woher kommen wir? Wir sind Hunde! Wir leben in Rudeln mit klaren Hierarchien. Da gibt niemand einem anderen ein Leckerlie. Da gibt es Ärger, wenn man sich nicht an die Regeln hält. Was hast du öfter gesehen: Hunde, die sich anzicken? Oder Hunde, die sich belohnen?

Doofe Frage, natürlich sieht man nur Gezicke.
Natürlich. Weil nur das funktioniert. Also ich hab gar nichts gegen Belohnungen, aber als einziges Mittel reicht das nicht. Das kann man zwischendurch so machen, aber doch nicht als Motivation.

Bekommst du von mir zu wenig Leckerlies?
Ja.

Ich verstehe nichts mehr, du hast doch eben gesagt, dass..

Du verstehst das nicht, was? Ich bin ein Hund! Ich fresse gern. Ich fresse bis zum Umfallen. Deshalb liebe ich Leckerlies. Aber wenn du das als Erziehungsmittel eingesetzt hättest, würde das nicht funktionieren. Weißt du, wenn auf der anderen Straßenseite eine Katze läuft, finde ich das viel reizvoller als ein Scheiß-Leckerlie. Dann laufe ich halt rüber und jage die Katze. Ich würde mir dann sagen: "Leckerlie ist egal, kriege ich eh ständig - jetzt ist die Katze dran!"
Da ich aber weiß, dass ich dann fürchterlichen Ärger bekomme, lasse ich es. So einfach ist das.
Wenn ich in einem Rudel lebe, gehe ich auch nicht an das Fressen meiner "Vorgesetzten". Weil es sonst Ärger gibt. Außerdem: Ich bin ja kein Border-Collie, der verrückt danach ist, Kommandos auszuführen. Dem kannste auch Leckerlies geben. Oder Labradoren und anderen fressgesteuerten Rassen. Ich bin ein Terrier.

***

Niedere Lebewesen

Wie findest du mich denn so als Herrchen?
Ich verstehe bis heute nicht, wie es dazu kommen konnte.

Wozu?
Dass du mein Herrchen bist.

Das ist ganz einfach. Ich habe dich damals bei der Züchterin abgeholt. Seitdem bist du mein Hund. Und ich dein Herrchen.
Das meine ich nicht. Ich meine, was dich überhaupt dazu qualifiziert.

Abgesehen davon, dass es - bis auf diesen Hundeführerschein - keine Qualifikation gibt, hatte ich ja vorher schon viele Hunde und daher genug Erfahrung.
Du verstehst nix. Eigentlich müsste ich dein Chef sein. Also rein von der Logik her.

Interessante These. Es macht allerdings immer Sinn, Thesen mit fundierten Argumenten zu untermauern.
Schau mal, seit 3,9 Mrd. Jahren, also seit die ersten Organismen als "Leben" bezeichnet werden, haben Lebewesen mit niederen Fähigkeiten denen, die überlegen sind, gesagt, wo es lang geht. Ja, ihr Menschen habt viel erreicht und seid die Herrscher über das Leben. Ihr zähmt

Tiere, reitet auf Pferden, dressiert Elefanten, züchtet Tauben und klont Schafe. Das ist ja alles gut und schön. Aber wir Hunde zum Beispiel sind nur durch bloße Gewalt unterdrückt worden. Darwin würde das ganz anders ordnen und euch hinter uns anstellen.

Kennst du das, wenn man schlagartig so müde wird?
Du kannst die Wahrheit nicht ertragen.

Wo seid ihr Hunde uns denn so überlegen?
In fast allen Belangen.

Ist das so? Ich möchte Beispiele.
Wir laufen schneller, wir sind stärker, wir haben bessere Sinne, die besseren Antennen, wir hören Frequenzen, von denen ihr gar nicht wisst, dass es sie gibt. Wir können im Dunklen sehen, wir können uns nach Geruch orientieren, Fährten lesen. Unser Fell erspart uns Kleidung, wir..

Halt!
Hast du genug?

Nein. Ich möchte gerne darauf eingehen. Fang mal langsam an.
Okay. Wir können schneller laufen als ihr.

Wollen wir mal ein Rennen machen? Du gegen mich? Es ist alles erlaubt: Fahrrad, Roller, Auto.
Das gilt nicht. Hilfsmittel sind unfair.

Nur weil du kein Auto, Roller oder Rad fahren kannst, ist es nicht unfair.
Ist es doch. Ohne deinen Motorroller hast du keine Chance gegen mich. Und ohne dein Fahrrad auch nicht. Schon mit Rad kommst du ja kaum gegen mich an. Sieh es einfach ein: Wenn du sowas nicht hast, dann bist du aufgeschmissen.

Und du ohne deine Nase.
Das ist kein künstliches Hilfsmittel!

Okay, das stimmt. Aber sonst profitierst du auch sehr von unseren menschlichen Errungenschaften, nech?
Pfft. Welche denn? Das ist doch alles nur dazu da, eure körperlichen Defizite auszugleichen.

Ach ja? Dann versuche ich morgen mal, den neuen Futtersack von dir ohne Messer oder Schere aufzubekommen.
Gib ihn mir, ich beiße ihn auf.

Gute Idee! Vielleicht machst du damit ja deinen Zahnstein weg. Ist ja ziemlich scharfkantig, die Verpackung. Dann muss ich dich nicht mit dem Roller (Hilfsmittel) zum Tierarzt fahren, der dich dann narkotisiert (Hilfsmittel) und mit Kratzwerkzeugen (Hilfsmittel) deine Zähne säubert.
Von mir aus muss der Zahnstein nicht weg. Ist doch Unsinn.

Ist es nicht. Mittlerweile riechst du aus dem Mund wie eine Kuh hinten, Mitte. Und irgendwann bekommst du Zahnweh und das ist noch schlimmer.
Du benutzt Krankheiten, um von dir abzulenken.

Nein. Aber ohne diese ganzen Hilfsmittel würde dein Leben wesentlich schlechter aussehen. Sogar dein Trockenfutter wird maschinell hergestellt.
Pfft, dann gehe ich halt jagen. Das ist eh artgerechter.

Wo willst du den jagen gehen? Auf dem S-Bahnhof oder im Einkaufscenter?
Im Wald!

Und in welchem? Und wie willst du dahin kommen?
Ich finde schon einen.

Super. Auf dem Weg dorthin wirst du von einem Fahrrad angefahren, danach überrollt dich ein Moped und den Rest macht ein Auto.
Ich möchte dagegen halten, dass ohne euch Menschen hier überall Wald und keine Straßen wären.

Ohne uns Menschen würde es Euch gar nicht geben, deine Rasse hätte niemals jemand gezüchtet. Und auch wenn es Euch geben würde, müsstest du jetzt draußen im Wald schlafen. Du Schisser vor allem. Und ich will dich mal sehen, wenn du jetzt nen Hasen siehst, wie du den fangen willst und selbst wenn du ihn fängst, frisst du kleine Essens-Diva ihn sicherlich nicht.
Das ist deine Schuld.

Ach ja? Warum das nun wieder?
Weil du mich nicht artgerecht aufgezogen hast.

Prima. Hätte ich mit dir in eine Höhle ziehen sollen? Dann müsstest du jeden Morgen jagen gehen, um was zu fressen zu bekommen. Ich hätte dir das erlegte Tier dann aber abgenommen und selbst gegessen. Für dich wären vom Hasen dann noch Knochen und Innereien übrig geblieben.
Igitt.

Artgerecht... Nix mit im Bett schlafen. Auf 'nen scheiß Felsen kannste dich legen.
Als ob du und Anja es aushalten könnten, mich nicht mit im Bett zu haben. Ich lache mich tot. Ihr wollt es doch auch.

Artgerecht geht halt in der Stadt nicht. In Wohnungen erst recht nicht.
Na ja, man kann es doch mal versuchen.

So wie diese Natural Dogmanship Geschichte? Die Waldorf-Schule für Hunde? Möchtest du das? Vielleicht fange ich mal an, in die Wohnung zu pinkeln und zu markieren.
Sag nichts gegens Markieren - das ist eine sehr gute Art der Kommunikation.

Die allerdings einen entscheidenden Fehler hat.
Welchen?

Na, du als Hündin pinkelst ja im sitzen. Aber weißt du, warum Rüden das Bein heben?

Natürlich! Damit der nächste Hund glaubt, dass man größer ist, wenn man weiter oben pinkelt. Das ist sehr clever von uns.

Aber das hebt sich auf, weil es alle machen. Jeder Hund macht sich dadurch größer. Wo ist da jetzt genau der Vorteil?
Ich möchte jetzt bitte raus gehen. Ich muss mal.

Gut, dann zieht sich das niedere Lebewesen, dein Rudelführer jetzt mal die Schuhe an und holt die Leine, nech?

***

Terrierdasein

Welche Rassen hattest du vor mir?

Also, aufgewachsen bin ich mit einem Collie. Danach kamen ein paar Mischlinge, darunter ein Husky-Mix und dann kamst du.

Wie waren die so?

Alle unterschiedlich. Von ruhig bis hektisch. Jeder hatte so seine Eigenarten. Alle waren sehr lieb. Keiner so durchgeknallt wie du. Also dieses Terrier-Verhalten meine ich.

Ich bin nicht durchgeknallt, unsere Rasse gilt als Arbeitsterrier. Ich bin wachsam, aufgeweckt und habe gerne Aufgaben. Ich bin pflichtbewusst.

Und manchmal hast du einen Dachschaden. Ich frage mich bis heute, warum der Pfarrer John Jack Russell, als er deine Rasse züchtete, nicht noch an ein paar Feinheiten gearbeitet hat.

Weil wir perfekt sind!

Findest du es perfekt, sich umzubringen?

Wann bringe ich mich um?

Letztes Jahr zum Beispiel, als wir am Strand auf Usedom waren. Du hattest irgendwann die Idee, Steine aus dem Wasser zu holen, in dem du mit dem Kopf danach tauchst.
Das bringt mich doch nicht um!

Ach so? Irgendwann, als ich gerade selbst im Wasser schwimmen war, sah ich, wie du den Kopf unter Wasser hieltst und zerrtest. Da war ein Stein, der zu fest im Boden eingeklemmt war. Den hast du nicht los bekommen. Aber den musstest du ja unbedingt haben. Statt zwischendurch mal aufzutauchen und zu atmen, hast du gezerrt und gezerrt und gezerrt. Ich bin zu dir gelaufen, was im Wasser echt lange dauert, und habe dich dann raus gehoben. Du hast geatmet wie ein Fisch. Hättest du nicht dein weißes Fell, wärst du sicher blau angelaufen. Ich bin mir sicher, du hättest dich umgebracht.
An diese Geschichte erinnere ich mich nicht.

Ich weiß! Deshalb hast du es am nächsten Tag gleich wieder gemacht.
Aber ist doch gut, dass du mir das erklärst. Nun weiß ich das.

Und was würdest du beim nächsten Mal anders machen?
Ähem, nichts? WENN ICH EINEN STEIN WILL, DANN ZIEHE ICH DAS DURCH.

Siehste? Das meine ich. Findste das normal? du würdest sterben, nur um einen Stein zu bekommen?
Ja, klar.

Polly, die ganze Welt ist voller Steine. Dann nimm doch einfach 'nen anderen.
Du verstehst das nicht. Es geht nicht um einen x-beliebigen Stein. Es geht um genau diesen Stein.

Was ist an dem einem Stein denn sooo besonders, dass man dafür sein Leben geben sollte.
Es ist halt: DER STEIN.

Okay, nehmen wir an, es sei der besonderste Stein der Welt, für den es sich lohnt, zu sterben...
du bist auf dem richtigen Weg.

... also, DER STEIN!, wie du ihn nennst. Wieso, wenn du ihn rausgezogen hast, interessiert er dich danach nicht mehr? du spuckst ihn in den Sand, vergisst ihn und holst dann den nächsten Stein aus dem Wasser.
Weil der nächste auch DER STEIN ist.

Das meine ich mit Terrier-Dachschaden.
Nur weil dir das zu hoch ist, musst du nicht glauben, dass es ein evolutionärer oder gar ein Zuchtfehler sei. Du kannst mir intellektuell einfach nicht folgen.

Ach, meinste? Nächstes Beispiel: du bist mal eine Steilküste runtergefallen, weil ein Stöckchen über die Kante gerutscht ist. Du bist hinterher gesprungen. Eine zehn Meter hohe Steilküste!
Rate mal, warum...

Weil es DAS STÖCKCHEN war?
Du lernst schnell!

Das ist mir echt zu hoch. Warte - ich hab noch was.
Was?

Füchschen!
WO? WO? WO? WO? WO?

Siehste?
WO? WO? WO? WO? WO? WO? WO? WO? WO? WO?

Haaaloooo, Poooll yyyy.
Was denn?

Wie du abgehst, wenn ich Füchschen sage.
WO? WO? WO? WO? WO?WO? WO? WO? WO?
WO?WO? WO? WO? WO? WO?

Aus!
Was denn? Lass mich doch.

Wie kannst du nur die bescheuerte Idee haben, dass hier in der Küche ein F rumläuft.
Ein was?

Ein Füchschen.

WO? WO? WO? WO? WO?WO? WO? WO? WO?
WO?WO? WO? WO? WO? WO?WO? WO? WO? WO?
WO?

Aus! Man man man. Ist es nicht manchmal schrecklich, Terrier zu sein?
Nee, das ist voll geil. Terrier sind die größten, schnellsten und besten Hunde der Welt.

Mäuschen, du wiegst 5,3 Kilo und passt in einen Jutebeutel. Du bist klein.
Das sehe ich anders. Und wahre Größe zeigt sich anders.

Aber du musst zugeben, dass du ein sehr kleiner Hund bist.
Ich bin nicht klein!

Siehste - allein diese Sichtweise zeigt mir, dass ihr eine Klatsche habt! Wenn ich beschreiben sollte, was in euren Köpfen so vorgeht, würde ich sagen: In der einen Hirnhälfte spielt dauerhaft Kindermusik, in der anderen dauerhaft Rammstein und in der Mitte sind ständige Störgeräusche.
Wow! Das hast du ziemlich gut beschrieben.

Muss ich mit dir eigentlich mal zum Psychologen?
Was ist ein Psychologe?

Ein Arzt für den Kopf.
Ich hasse Ärzte.

***

Magengeschichten

Warum hasst du eigentlich den Tierarzt? Der gibt sich immer solche Mühe und ist sehr nett.
Weil der mich immer piekst.

Tut mir leid, aber du musst halt regelmäßig geimpft werden. Und soo schlimm ist das doch gar nicht. Immerhin gibt er dir vorne Leberwurst aus der Tube, wenn er hinten eine Spritze setzt.
Ist auch nicht nur das pieksen. Ich hasse es, dass er ständig auf meinem Bauch rumdrückt und an meiner Puperze rumfingert.

Da bist du selbst schuld dran. Alle diese Magengeschichten hast du selbst verursacht.
Wieso?

Na ja, wie kann man nur auf die Idee kommen, am Strand nassen Sand in rauhen Mengen zu fressen? Das ist wirklich dumm.
Ich hatte Durst.

Hm, sicher. Und eine halbe Stunde vorher wolltest du das Wasser, dass ich dir angeboten habe, nicht trinken.
Ich hatte plötzlich Durst!

Ach ja? Auch, als du mal Dünengras gefressen hast? Ich habe dir am nächsten Tag ganze Halme hinten rausziehen müssen.
Die waren im Weg, als ich den Ball suchte.

Weisst du, was bei dir schon alles hinten raus kam? Einmal ein ganzes Gummiband! Und wenn man vor einem mexikanischen Restaurant im Vorbeigehen Reste auffrisst, in denen Chilischoten sind, braucht man sich über Magenbeschwerden echt nicht zu wundern.
Das war aber auch lecker!

Für die 300 Euro, die ich allein dafür beim Arzt gelassen habe, hätte ich dir bessere Sachen kaufen können.
Hättest du das gemacht, hätte ich die Chilis nicht gefressen.

Du frisst doch bis zum Umfallen. Du bist doch niemals satt.
Doch, einmal war ich echt satt.

Ich weiß - als ich nach Hause kam und du deine Futterdose geplündert hast. Du sahst aus wie eine Birne und konntest nicht mehr laufen. Du hattest am nächsten Tag beim Arzt 7,5 statt 5 Kilo auf der Waage. Zum Glück haben meine Maßnahmen gegriffen, sonst hätte die Behandlung Unsummen verschlungen.
Wieso war das denn so schlimm?

Na ja, irgendwas von diesen Unmengen an Trockenfutter hatte sich festgesetzt. Es kam nicht mehr raus. Der Arzt meinte, dass er operieren müsse, wenn es innerhalb von 24 Stunden nicht hinten raus kommt. Da habe ich dir zwei Gläser Sauerkraut gegeben. Und du hast die in deinem Zustand sogar noch aufgefressen.
Und?

Hast du mal gesehen, wenn Elefanten scheißen?
So schlimm?

Ja.
Aber sonst bin ich doch immer kerngesund, oder?

Ja, total. Bis auf diese Spondylose.
Was ist das?

Das ist mal beim Röntgen, als du mal wieder ne Magensache hattest, entdeckt worden. Das sind Verknöcherungen der Wirbelsäule.
Ist das weg?

Nein, das kriegt man nicht weg.
Man kann dagegen nichts tun?

Im Prinzip nicht. Der Arzt meinte,man könne nicht sagen, wann da erste Beschwerden auftreten. Das kann in zwei Jahren sein, aber auch früher oder später. Man kann es nur hinauszögern, in dem man dich weniger rumrennen lässt. Bällchen holen und sowas.

Und was machen wir nun?

Gar nichts, wir machen so weiter. Ich finde es besser, wenn du sechs Jahre Spaß hast, als dir zwei Jahre länger zu ermöglichen, und du keinen Spaß mehr hast. Deshalb darfst du auch weiterhin, rennen, springen, klettern und schwimmen so wie bisher.
Weisste was?

Was?
Finde ich gut so.

***

Hunde

Ich würde gern mit dir mal über andere Hunde sprechen.

Oh! Ein schönes Thema.
Du kennst doch diesen lockigen Mischling hier aus der Straße?

Der mit der Frau, die immer solch alberne Stoffbärchen am Rucksack baumeln hat?
Ja, genau der.

Was ist mit dem?
Er tut mir so leid.

Warum? Ich finde ihn nervig. Die Frau übrigens auch.
Mich kotzt es an, was der für einen Zirkus macht, wenn wir uns ihm nähern. Schon hundert Meter vorher legt er sich entweder flach und voller Erwartung auf die Straße oder springt und zieht an der Leine. Warum hat die Frau ihm das so beigebracht? Weiß die das nicht? Der arme Kerl. Der denkt doch, jede Hundebegegnung ist was ganz besonderes.

Die Frau sagt, er sei halt so ungestüm. In der Mischung sei wohl irgendwas - halt dich fest - Wildes.
Ich glaube eher, in der Mischung der Frau ist irgendwas Bescheuertes reingeraten.

Ich weiß, worauf du hinaus willst.
Ist doch wahr! Schau sie dir doch an. Sobald sie uns - übrigens, bei anderen Hunden genauso- reißt sie die Augen auf und spricht mit ihrer ekligen Piepsstimme: "Ohh, schau mal, da ist wieder die Pooooolly!" Die muss doch merken, wie sie den Hund damit anfeuert. Und wenn ich dann völlig unbeeindruckt und voller Ignoranz vorbei gehe und er wild an der Leine zieht und sich dreht, dann redet sie immer so laut mit ihm. Merkt die nicht, dass ihn das stresst? Und es noch schlimmer macht?

Nein, die meisten merken sowas nicht. Außerdem müssen wir bei diesem Thema eher über Menschen sprechen als über Hunde.
Ich vermute das auch. Warum merken so viele Hundehalter…

..die meisten, Polly, die meisten..
.. okay, die meisten Hundehalter eigentlich nicht, dass sie ihre Hunde völlig verzogen haben?

Ach, wenn man mit denen spricht, dann sagen sie immer Sachen wie: "liegt an der Rasse", "der ist halt so", "der hat ein Trauma aus Welpentagen"....
..."der tut nix, der will nur spielen"...

Wenn man das ruft, heißt das ja, dass der Hund auf einen anderen Menschen oder Hund unkontrolliert zuläuft und den anderen Angst macht. Das allein reicht eigentlich schon, um mal über sich und seinen Hund nachzudenken.

Wie dieser aggressive weiße Schäferhund damals immer an der Alsterwiese.

Genau. Und weißt du, was das Beste ist?
Sag!

Erinnerst du dich noch an den Jackie, der da auch immer rumlief? Der mit diesem Geschirr, wo "Rabauke" drauf stand?
Oh mein Gott, der war so ätzend.

Seine Besitzer haben mir damals irgendwann erzählt, dass sie nun in eine Hundeschule gehen würden. Ich fragte, zu welcher. Und jetzt kommts: Die Frau mit dem unerzogenen weißen Schäferhund war seit Jahren in einer Hundeschule und die hat ihnen die empfohlen, weil die "echt supi" sei. Das musst du dir mal überlegen! Die lassen sich eine Schule von einer Frau empfehlen, deren Hund überhaupt nicht gehorcht.
Bin ich froh, dass wir da weg gezogen sind.

Na, ja. Bezogen auf andere Hunde ist das hier ja auch nicht besser.
Findest du denn, dass es schwer ist, Hunde zu erziehen?

Nein, überhaupt nicht. Es ist so einfach. Ich meine, man muss sich nur mal ein Hunderudel ansehen, und beobachten, wie Hunde miteinander umgehen. Dann weiß man, wie man erzieht.
Ja ja, ich weiß. Wir brauchen klare Ansagen, eine klare Linie, Konsequenz und jemanden, an dem wir uns orientieren

können. Und es stimmt, dass wir sehr einfach ticken. Wenn ich da sehe, wie kompliziert ihr Menschen seid.
Wir dagegen sind untereinander sehr einfach. Einzig euer menschliches Verhalten macht uns manchmal kompliziert. Ich hab ein Beispiel: Der Pudel hier aus der Nebenstrasse, weißte welchen?

Ich glaube schon. Der mit dieser albernen Jacke. Der bei anderen Hunden so durchdreht.
Ja. Das macht er, weil seine Besitzerin ihn früher als Welpen immer auf den Arm nahm, wenn andere Hunde kamen. Seitdem weiß er, dass andere Hunde eine Gefahrensituation darstellen.

Sie sagt, der wäre halt ein Alpha-Rüde.
Nö, der ist unsicher. Er hat es halt so gelernt. Anderer Hund = Gefahr. Einfache Formel. Sie hätte ihn als Welpen das einfach alleine regeln lassen sollen. Aber sie musste ja immer eingreifen, weil sie Angst hatte.

Es ist allerdings fast unmöglich, sich mit solchen Menschen darüber zu unterhalten. Es gibt immer Ausreden für alles und irgendwann werden sie sauer. Aber man muss sich eh fragen, warum Menschen im Umgang mit Hunden auch anders sein sollten als im Umgang mit Menschen.
Sind Menschen etwa untereinander auch so?

Leider oft.
Boah, bin ich froh, ein Hund zu sein.

***

WLAN

Wie findest du es eigentlich, wenn du an der Leine laufen musst?
Ist okay. Manchmal finde ich das sogar super.

Echt? Wann?
Na zum Beispiel, wenn ich mal unsicher bin. So am Hauptbahnhof oder so, wenn es besonders voll ist.

Und was findest du dann an der Leine gut?
Die gibt mir dann Sicherheit. Ich bin dann ja mit dir in Verbindung und muss mich nicht drum kümmern, wo es lang geht. Ich hab genug damit zu tun, auf all die Beine und Füße aufzupassen, die um mich herumschwirren. Da ist es eine Erleichterung, an der Leine geführt zu werden.

Und sonst?
Also, schlimm finde ich das nie. Na ja, im Wald oder so würde mich das nerven. Weil ich dann ja rennen will. Aber in der Stadt ist das okay. Ich merke ja auch, wie du dich dann entspannst.

Klar, weil ich dann nicht so sehr auf dich achten muss. Kommen ja immer mal Fahrradfahrer auf dem Bürgersteig oder Autos aus Einfahrten oder sowas.
Darf ich in der Stadt eigentlich überhaupt ohne Leine laufen?

Wenn ich ehrlich bin, weiß ich das nicht mal so richtig. Die Hundegesetze ändern sich ja ständig. Ich glaube aber, seit Neuestem nicht mehr.
Egal, wie gesagt, mir macht das nichts aus.

Das war auch mal anders.
Ja ja, als ich klein war.

Das war so ziemlich die größte Arbeit, die ich im Bezug auf Erziehung hatte. Allein, wie lange manche Spaziergänge gedauert haben. Horror.
Wieso? Ich gehe doch nicht langsam.

Nee, aber um dich davon abzubringen, an der Leine zu ziehen und ständig unter Spannung zu gehen, bin ich immer stehen geblieben. Das ist nämlich der Trick. Also immer dann zu stoppen, wenn du wieder ziehst. Dann bleibt man so lange stehen, bis du einen Schritt zurück machst und die Leine ohne Spannung ist. Erst dann geht man weiter. Sinn der Sache ist es, dir dadurch zu zeigen: Wenn du an der Leine ziehst, passiert genau das Gegenteil dessen, was du willst.
Hat das geklappt?

Das hat ewig gedauert. Denn sobald ich wieder losgegangen bin, hast du wieder gezogen. Dann bin ich wieder stehen

geblieben. Und so weiter. Und weisst du, was noch schlimmer war und noch mehr Zeit gefressen hat?
Sag!

Richtungswechsel. Als ich nämlich nach Monaten merkte, dass das bei dir nur so semi wirkt, weil du Terrier bist..
So geile Hunde!

..habe ich dann Richtungswechsel vorgenommen. Also bin ich, sobald du wieder gezogen hast, in genau die andere Richtung gegangen. Das wurde teilweise so wild, dass ich in zehn Minuten nur etwa einen Meter gutmachen konnte. Das hat dann aber gut funktioniert.
Ich bin froh, dass du das so gemacht hast und nicht mit so einer Rollleine.

Das ist überhaupt das schlimmste! Mit den Dingern lernt ein Hund niemals, an der Leine zu gehen. Wie auch? Oder es sind Hunde, die nicht gehorchen und die Leute dann halt das als Ausweg nehmen, dass der Hund sich überhaupt mal bewegen kann.
Ist für den Hund aber saudoof. Weißte warum? Der weiß gar nicht mehr, was eine richtige Leine ist. Der hat dann einen Laufradius von zehn Metern und kennt den Unterschied zwischen frei laufen und an der Leine gehen gar nicht mehr. Ich weiß immer, wenn du mich an die Leine nimmst, was Sache ist. Deshalb finde ich diese Rollleinen auch schrecklich. Die Dinger in Kombination mit einem Geschirr - das kommt einer Kapitulation gleich. Das ist die Aufgabe vor der Leinenführigkeit. Der Hund lernt das niemals damit.

Manche Leute sagen, ein Geschirr drückt nicht so auf den Hals, wenn der Hund zieht.
Hör mal, wir sind Hunde. Wir sind nicht bescheuert. Wir wissen schon, dass es am Hals nicht mehr weh tut, sobald wir aufhören zu ziehen. Mit einem Geschirr wird lediglich das Ziehen erleichtert. Dann macht man halt weiter.

Und wie findest du diese Schleppleinen?
Die scheinen ja modern zu sein. Wir hatten ja nie eine im Einsatz. Aber das ist ja so ähnlich wie diese Wäscheleine, die du mir früher zum Kommandos üben umgebunden hast. Also zur Erziehung gut. Aber nicht für immer. Manche nehmen die ja ihr Leben lang. Diese Hunde rennen an der Leine dann häufig auch immer wild rum. Sie sind modern, aber meines Erachtens ist das auch schon alles, was für sie spricht. Modern sein ist ja modern.

Na, ja - es macht aber eher den Eindruck, als sei das der Nachfolger der Rollleine - nur dass es "professioneller" aussieht, weil das viele ja als Ausbildungsleine nehmen.
Also auch wieder ein Tool als Ausrede für eigene Versäumnisse. Weißt du, was an beiden Arten von langen Leinen nervt? Dass viele Hundehalter damit nicht umgehen können. Die lassen ihre Hunde dann an dieser lange Leine laufen, andere Menschen müssen ausweichen. Wir sind ja sogar schon mal fast mit dem Fahrrad in eine Rollleine reingefahren. Wenn man solche eine Leine benutzt, muss man sie auch richtig einsetzen und jederzeit seinen Hund beobachten und Verbindung zu ihm halten.

Das ist immer das Problem: Nicht die Hunde, sondern die Halter.

Vielleicht sollte man den Spieß umdrehen und die Hunde zum Rudelführer machen. Wir machen instinktiv weniger falsch.

Wie recht du hast!

***

Durchblick

Wieso bekomme ich von dir eigentlich nie was vom Tisch und andere wollen mir ständig was von ihrem Essen abgeben?

Weil andere Menschen auf deine Blicke hereinfallen.
Und du nicht?

Nein, ich kenne ja die Absicht dahinter. Und wenn ich ständig drauf reinfallen würde, würdest du jetzt aussehen, wie eine Leberwurst. Weißt du eigentlich, wie du in solchen Situationen guckst? Also sagst du dir dann: "Ich setze meinen traurigen, süßen Blick auf"?
Nein. Aber ich habe ja lange viele Arten von Blicken ausprobiert. Wenn ich so gucke, sind die Erfolgsaussichten hoch. Also Ohren hoch, Augen auf und den Kopf leicht drehen.

Das heißt, du weißt nicht, wie das auf andere Menschen wirkt? Dass die dann Mitleid bekommen?
Nein. Ich gucke halt so, dass es passt. Wenn ich herausgefunden hätte, dass ich ein Ohr anlegen muss oder mich im Kreis drehen oder bellen, dann würde ich halt das machen. Ist mir doch egal, was die Leute denken - Hauptsache, ich kriege was ab.

Ich saß mal in einem Café, du warst am Stuhl angebunden und hast dich zum Nachbartisch gesellt. Nach einer Weile sagt eine ältere Dame zu mir: "Sie müssen ihrem Hund was zu essen geben, der guckt ganz traurig."
Das ist ganz allein euer Problem. Ich bin überhaupt nicht traurig. Und ich gucke auch nicht bewusst traurig. Ich ziehe nur so ein Gesicht, dass ihr wohl offenbar als "traurig" interpretiert.

Erschwerend kommt hinzu, dass, wenn du dann bei Blickkontakt ganz leicht mit der Rute wedeltst, die Leute noch weicher werden.
Das habe ich auch herausgefunden. Menschen, die hartnäckig sind, kann man damit dann am Ende packen. Das Wedeln funktioniert echt super.

Man liest immer von Verhaltensforschern und Hundeexperten, dass Hunde kein Bewusstsein haben.
Ach, du, weißte. Diese Verhaltensexperten sagen doch jede Woche was anderes.So richtig tief blicken die in uns nicht rein. Außerdem ist es doch auch eine Form von Bewusstsein, weil mir bewusst ist, was Erfolg hat und was nicht. Also weiß ich im Prinzip schon ganz gut, was wirkt und was nicht.

Etwas anderes, dass ich immer wieder lese, aber im krassen Gegensatz zu dem steht, was du tust, ist Fernsehen. Du hängst ja oft vor der Glotze rum. Man liest aber immer wieder, dass ihr gar nicht erkennt, was auf dem Bildschirm vor sich geht.
Hä? Was meinst du: warum renne ich sofort vor die Glotze, wenn dort eine Katze oder eine Maus zu sehen ist?

Es heisst, du würdest auf das Geräusch reagieren und nur ein paar bewegte Linien sehen, die sich bewegen.
Und warum laufe ich dann auch dann hin, wenn eine Katze ohne Katzengeräusch in einem Musikvideo rumläuft?

Vielleicht, weil die bunten Linien so toll aussehen.
Quatsch. Weil ich die Katze sehe. Wenn es nur nach dem Geräusch ginge, würde ich ja auch nicht durchs Zimmer laufen und die Antilope suchen, die eben über den Bildschirm von rechts nach links gelaufen ist. Wenn du das genau beobachtet hast, bin ich auch nach links gelaufen. Und mal ehrlich: Geräusche von Antilopen reizen mich nun wirklich nicht - weil ich diese Geräusche auch gar nicht kenne.

Aber was findest du dann an den Aktienkursen toll, die bei Nachrichtensendern immer unten auf einem Streifen durchs Bild laufen?
Na, ich warte immer mal drauf, dass eine dieser Zahlen mal irgendwann an der Seite aus dem Fernseher fällt. UND DANN HOLE ICH SIE MIR!

Du guckst nur manchmal Fernsehen. Wann ist dir eigentlich danach?
Wenn ich nicht ausgelastet bin. An Tagen, an denen wir schwimmen waren oder stundenlang draußen rumrennen, würde ich nie die Idee haben, zum Fernseher zu laufen. Wenn ich also mal wieder vor der Glotze hänge, weißt du, was zu tun ist.

Na, manchmal ist es ganz praktisch, wenn du stundenlang davor sitzt und CNN-Aktienkurse liest.

Mir ist aufgefallen, dass du das immer einschaltest, bevor du das Haus verlässt und mal ne Zeit weg zu sein. Warum machst du das?

Das würdest du gern wissen, was? Nee, das sage ich dir nicht. Denn wenn du Tricks herausfindest, klappen die nicht mehr.

***

Irrtümer

Ich würde von dir gern mal aufgeklärt werden. Ich lebe seit 50 Jahren mit Hunden zusammen. In den letzten Jahren wird um die Erziehung und das Verhalten von euch so ein riesen Buhei gemacht. Hundeschulen haben alternative Konzepte, Hundetrainer treten im TV reihenweise auf, sie füllen sogar ganze Stadien mit Besuchern. Was mir dabei auffällt: Es gibt immer neue Thesen zu Hunden.
Welche möchtest du erklärt bekommen?

Ich fang mal an: Also, ich kennen Schwanzwedeln als Ausdruck von Freude. Man liest nun aber immer wieder, es sei Erregtheit. Stimmt das?
Hast du mich mal erregt gesehen und dabei mit dem Schwanz wedelnd?

Nein.
Siehste. Also, es kommt schon vor. Aber in den meisten Fällen ist es Freude. Du kennst das doch: Wenn du lustige Sachen sagst, so albern bist, freue ich mich. Oder wenn ich im Halbschlaf bin und du nennst Anjas Namen. Da bin ich nicht aufgeregt, sondern freue mich. Es gibt manchmal Situationen, in denen ich zum Beispiel einen anderen Hund treffe. Dann wedel' ich auch nicht aus Freude, sondern eher aus so einer Art Anspannung heraus. Das erkennst du aber, denn dann

zittert der Schwanz nur leicht. Es gibt sicher Hunde, die auch wedeln, wenn sie sich nicht freuen, aber den Zustand erkennt man dann eher am Gesamtverhalten.

Gut. Dann habe ich mal in einem Lehrbuch über deine Rasse gelesen, dass man Hunden nicht tief in die Augen schauen soll, weil Euch das Angst macht.
Hä? Unsinn. Ich starre dich den ganzen Tag an und erwarte auch, dass du die Blicke erwiderst, um Kontakt zu mir aufzunehmen. Wenn du mich nicht anschaust, ignorierst du mich doch. Nee, das halte ich für Blödsinn.

Und dann habe ich mal irgendwo gelesen, dass Hunde kein schlechtes Gewissen haben können, weil Ihnen Moral fremd ist.
Du liest die falschen Sachen. Mal 'ne Gegenfrage: Wenn ich was ausgefressen habe, von dem ich weiß, dass ich das nicht darf. Woran merkst du das oft?

Na ja, zum Beispiel wenn ich in das Zimmer komme, und du vor mir rum schleichst und dich hin wirfst. So wie letztens, als du den Mülleimer geplündert hast, doofe Kuh.
Genau. Ich weiß, dass ich das nicht darf. Und ich weiß, dass es Ärger gibt.

Okay - das ist allerdings keine Reue sondern du hast einfach Angst vor einem Anschiss.
Worin besteht da der Unterschied?

Na ja, Reue kommt von Innen heraus. Dir wird bewusst, dass das ein Fehler war und es tut dir leid.
Dann kenne ich Reue.

Wann?
Na, wenn ich mal zu dominant Anja gegenüber bin. Ich habe sie ja bereits zwei mal angeknurrt, danach springe ich sie sofort an und lecke ihr freundlich an der Nase. Ist das, was du Reue nennst?

Ja, so in etwa. Aber da habe ich das nächste Thema: Nase lecken. Viele sagen, das sei dominierendes Verhalten. Stimmt das?
Hör mal.... dich dominieren?

Na, mich vielleicht nicht, aber Anja zum Beispiel.
Die habe ich anders im Griff. Lass man. Nee, ich bin ja keine Domina. Das ist Liebe.

Gut, da bin ich beruhigt. Noch was: Thema Jagdtrieb: du bist ja auch ein Jagdhund. Ist der Jagdtrieb wirklich so stark?
Nö. Ich hab ja nie gejagt.

Aber es heißt, man könne bei Jagdrassen den Trieb nicht abstellen.
Wenn du mich früher auf die Kaninchen losgelassen hättest, würde ich auch jetzt drauf gehen. Da du mir das aber schon früher verboten hast, lasse ich die halt in Ruhe.

Weglaufende Kaninchen reizen dich nicht?

Nein, warum auch? Da ich nie hinterherlaufen durfte, hab ich mir diesen Reiz abgewöhnt. Warum sollte ich sinnlos irgendwem hinterher rennen? Hör mal: Ich bekomme das ja immer mit, wenn manche Menschen sagen: "Ach, der Rex, der ist so - das ist halt sein Jagdtrieb". Dabei fördern die Besitzer das doch oft. Es ist ja modern geworden, Fährten im Wald auszulegen, um den Hund zu beschäftigen. Natürlich fängt man dann als Hund an, diese Instinkte weiter zu entwickeln.

Ich habe mich das oft gefragt. Denn lustigerweise gehorchen echte, ausgebildete Jagdhunde dem Jäger ja auch. Trotz Jagdtrieb.
Weisst du, was ich glaube? Viele Hundehalter, die ihre Hunde nicht richtig erzogen haben, und die dauernd weglaufen, nehmen diesen Jagdtrieb als Alibi. Sie entschuldigen dadurch ihre eigenen Versäumnisse.

Na, da bin ich froh, dass es bei dir solche Alibis nicht gibt.
Hä? Es gibt reichlich Ausreden von dir, warum ich manche Sachen mache. Du schiebst das sehr oft auf die Rasse, aber eigentlich liegt es an der Erziehung.

Was?
Jou.

Sag! Was denn?
Am Arsch die Räuber. Ich werde dir doch nicht Geheimnisse verraten, die mir so manche Freiheit ermöglichen.
Außerdem…

Lass mich raten: Es ist eh zu spät.

Ich mag, wie lernfähig du bist. Fast so gut wie ich.

***

Ehrlichkeit

Hattest du eigentlich mal eine Zeit ohne Hund?

Ja, ein paar Jahre. Das war völlig überflüssig.
Wieso?

Heinz Rühmann, ein bekannter Schauspieler, sagte mal: "Ein Leben ohne Hund ist möglich, aber sinnlos." Dem pflichte ich uneingeschränkt bei. Für mich ist das Leben ohne Hund trist. Ich kann mir auch gar nicht vorstellen, wie es mal ohne dich sein soll. Ich finde nämlich, dass wir echt gut zusammenleben.
Ja, jeder Tag ist ein Abenteuer und es ist oft sehr lustig.

Humor kennst du also?
Natürlich, das sollte dir eigentlich auffallen. Ich finde es zum Beispiel sehr sehr lustig, wenn du so alberne Sachen sagst. Es gibt so eine bestimmte Stimmlage, bei der ich mich echt kringeln muss vor lachen.

Man weiß das ja nicht so genau. Klar merke ich, wenn ich dich so anspreche, dass deine Rute wild propellert, aber es gibt ja die verschiedensten Theorien zum Schwanzwedeln.
Lass mal diesen ganzen Mist weg, den du im Internet liest und besinne dich mal auf das, was du siehst.

Ich würde es auch so interpretieren, dass du das lustig findest.
Ja, sehr.

Du findest glaube ich viele Sachen lustig, oder?
Ja fast alles. Ich liebe es, auf dem Fahrrad mitzufahren, wenn du mich in den Jutebeutel oder Rucksack steckst, ist das sehr lustig, Bootfahren auch, Parties, irgendwie finde ich das alles sehr aufregend und toll.

Ich wundere mich, wie du das immer alles problemlos mitmachst. Einfach in den Rucksack stecken und gut.
Wenn du nicht gleich, als ich ein Welpe war, damit angefangen hättest, alles mit mir zu machen, wäre ich jetzt sicher anders. Wir sind ja am zweiten Tag, nachdem ich da war, U-Bahn gefahren, Rad gefahren und abends waren wir auf einer Party.

Viele haben mir da gesagt, dass es vielleicht zu viel sei.
Nein, gar nicht. Das war gut so. Ich bin einfach an alles gewöhnt. Mich schockt nichts.

Was meinst du, was ich mir anhören musste, als ich dich am ersten Silvester als kleinen Welpen mit zur Alster genommen habe, um dir Feuerwerk zu zeigen.
Ich liebe Feuerwerk! Hättest du mich damals nicht mitgenommen, hätte ich heute vielleicht Angst davor. Nee, das war schon ganz gut, dass du mir alles gleich gezeigt hast.

Und bin ich nicht oft zu streng?

Da mach' dir mal keine Gedanken. Wie gesagt, wir brauchen klare Ansagen und vor allem Konsequenz. Was meinst du, wie streng und unnachgiebig in einem Hunderudel der Alpha-Hund ist. Dagegen bist du ein Witz. Wir können damit umgehen.

Was findest du im Zusammenleben eigentlich am wichtigsten?
Loyalität und Ehrlichkeit.

Hm. Wenn ich darüber nachdenke, ist es wirklich so, dass ihr Hunde wirklich alle sehr loyal seid.
Ohne Loyalität geht es nicht. Sonst würde so ein Rudel zerbrechen. Es gäbe Mord und Totschlag - ein einziges Chaos. Ich erwarte diese Loyalität allerdings auch von jedem Mitglied im Rudel.

Bin ich loyal?
Meistens.

Was?? Wann denn nicht?
Nur ein Beispiel: Manchmal bist du abgelenkt und merkst nicht, welche Bedürfnisse ich habe. Es kommt manchmal vor, dass du am Computer sitzt und sehr konzentriert schreibst. Wenn ich dann was habe - zum Beispiel dringend mal raus muss - und das anzeige, schickst du mich manchmal sauer ins Körbchen. Du achtest gar nicht auf mich. Du bist dann nur von mir genervt. Aber das geht so nicht. Du hast dich für mich entschieden, da kannst du mich manchmal nicht einfach so ignorieren und ausnutzen, dass ich dir gehorche.

Hm.
Es passiert eigentlich immer, wenn du dir um irgendwelche Sachen Gedanken machst. dann bist du in deiner eigenen Welt. Kannst du dich an die Situation erinnern, als ich auf dem Boot an dieser Kiste gekratzt habe und du mich dann tierisch angemault hast, ich solle aufhören?

Ja, das weiß ich. Boah warst du da nervig.
Ich hatte Durst. Der Napf war nicht da, sonst hätte ich wie immer am Napf gekratzt. Das hättest du dann gemerkt. Dann habe ich halt an der Kiste gekratzt, in der du den Wassertank hast. Aber statt darüber nachzudenken was ich will, hast du irgendwann gemeckert, weil du dein Buch lesen wolltest.

Gut, dass du das so ehrlich sagst.
Ich bin immer ehrlich. Hunde können nur ehrlich sein. Hunde können im Gegensatz zu Euch Menschen nicht lügen.

Das weiß ich. In meinem nächsten Leben möchte ich deshalb auch glaube ich ein Hund sein.
Ja! Ein Terrier! Die besten Hunde! Soo geil!

Ach Polly… ich liebe dich!
Kann ich eine Möhre oder vielleicht ein Radieschen haben?

***

Ende.

Printed in Poland
by Amazon Fulfillment
Poland Sp. z o.o., Wrocław

56696039R00054